VILLE DE CHAMBÉRY

VOIRIE

RÈGLEMENT GÉNÉRAL

CHAMBÉRY
IMPRIMERIES RÉUNIES
3, Rue Lamartine, 3

1929

VILLE DE CHAMBÉRY

VOIRIE

RÈGLEMENT · GÉNÉRAL

CHAMBÉRY
IMPRIMERIES RÉUNIES
3, Rue Lamartine, 3

1929

VILLE DE CHAMBÉRY

RÈGLEMENT GÉNÉRAL DE VOIRIE

LE MAIRE DE LA VILLE DE CHAMBÉRY,

Chevalier de la Légion d'honneur,

Vu les lois des 14 décembre 1789, 16-24 août 1790, 11 septembre 1790, 19-22 juillet 1791, 5 avril 1884 sur l'Administration municipale ;

Vu le décret du 4 février 1805 et l'ordonnance royale du 23 avril 1823 relatifs au numérotage des maisons ;

Vu le décret du 3 mai 1841 sur l'expropriation pour cause d'utilité publique ;

Vu la loi du 7 juin 1845 sur les trottoirs ;

Vu la loi du 30 mai 1851 sur le roulage ;

Vu les lois du 20 août 1881, du 8 avril 1898, du 21 juin 1898 sur le Code rural ;

Vu la loi du 15 février 1902 relative à la protection de la santé publique ;

Vu les articles 544, 649, 650, 663, 674 et 681 du Code civil ;

Vu les articles 257, 471 et 479 du Code pénal ;

Vu le règlement de Voirie de la Ville de Chambéry en date du 10 janvier 1862, approuvé par M. le Préfet de la Savoie le 15 janvier 1862 ;

Vu le tarif des droits de voirie en date du 16 avril 1924, approuvé le 7 août 1924 par M. le Préfet de la Savoie ;

Considérant que la police de la Voirie et des constructions est au nombre des objets placés spécialement sous la surveillance de l'Administration municipale ;

Considérant que s'il y a lieu de tenir compte des nécessités et des convenances du commerce et de l'industrie, le soin de la sûreté, de la salubrité et de la circulation impose à l'Administration le devoir d'assurer la solidité des constructions, d'en fixer la hauteur et de faciliter la circulation en interdisant ou limitant les empiètements sur la voie publique ;

Vu la délibération du Conseil municipal en date du 25 juin 1926,

ARRÊTE :

Les arrêtés municipaux régissant la Voirie dans la commune de Chambéry sont abrogés et remplacés par le règlement général qui suit :

TITRE I

AUTORISATIONS DE VOIRIE

Définition des différentes voiries

ARTICLE PREMIER. — *Classification des voies.* — La Voirie est l'ensemble des voies publiques de communication.

Elle se divise au point de vue de l'importance de ces voies en grande et petite voirie.

La grande voirie embrasse les voies de communication les plus importantes, telles que les chemins de fer, les routes nationales, les routes départementales, les rues et places formant la traverse ou le prolongement de ces voies dans les villes, les rivières navigables et flottables, les quais et canaux de navigation.

La petite voirie se compose des voies de moindre importance ; elle se partage en voirie vicinale, rurale et urbaine.

La voirie vicinale comprend les chemins de grande communication, d'intérêt commun, les chemins vicinaux proprement dits, ainsi que les rues qui sont reconnues en être le prolongement.

La voirie urbaine a pour éléments constitutifs les voies publiques plus spécialement destinées aux communications intérieures des villes, c'est-à-dire les rues et places qui n'appartiennent pas à la grande voirie ni à la voirie vicinale.

Les voies relevant tant de la grande voirie que de la voirie vicinale, bien qu'étant régies par des arrêtés spéciaux, seront néanmoins soumises au présent règlement sur tout le territoire de la commune de Chambéry pour tout ce qui n'est pas contraire aux dits arrêtés.

ART. 2. — *Enumération des voies.* — *Grande voirie.* — Pour faciliter l'application de l'article qui précède, il est rappelé que la grande voirie comprend dans la Ville de Chambéry les parties de routes nationales et départementales dont la désignation suit :

Route nationale n° 6, de Paris à Chambéry et en Italie (chaussée et trottoirs), sur les parcours ci-après :

Route de Lyon, depuis la limite de la commune de Cognin (Pont-Neuf) jusqu'à la place Caffe ;
Place Caffe ;
Rue de la République ;
Rue de la Banque ;
Faubourg Montmélian et Pont de la Garatte jusqu'au passage à niveau du chemin de fer, limite de la commune de Barberaz.

Route nationale n° 201, de Chambéry à Genève (chaussée et trottoirs latéraux), sur les parcours ci-après :

Place d'Italie, jonction avec la route nationale n° 6, jusqu'au Pont Saint-François ;
Pont Saint-François ;
Quai Nezin ;

Rue du faubourg Reclus ;
Route d'Aix jusqu'à la limite de la commune de Chambéry-le-Vieux.

Route départementale n° 5, de Chambéry à Belley (chaussée seulement), sur les parcours ci-après :

Rue Sommeiller ;
Avenue de la Boisse jusqu'à la limite de Chambéry-le-Vieux.

Route départementale n° 11, de Chambéry à Annecy :

De la jonction de la route nationale n° 6 par le Pont des Carmes au carrefour des chemins de Bassens et Mérande et de là jusqu'à la limite de Bassens par les casernes de Joppet.

Voirie vicinale. — La voirie vicinale comprend les parties de chemins de grande communication, d'intérêt commun et vicinaux ordinaires ci-après désignés :

Chemins de grande communication

Chemin de grande communication n° 1, de Chambéry à Albertville :

De son origine au Pont des Carmes par le quai de la Rize, le Pont de la Garatte, la rue Sainte-Rose, jusqu'à la limite de la commune de Barberaz, à Buisson-Rond.

Chemin de grande communication n° 3, de Chambéry à Saint-Pierre-d'Entremont :

De sa jonction avec le chemin d'intérêt commun n° 4, vers le stand militaire des Charmettes par la Fontaine Saint-Martin, jusqu'à la limite de la commune de Jacob-Bellecombette, au village du Port.

Chemin de grande communication n° 11, de Chambéry à Albens :

De son origine avec la route nationale n° 201, route d'Aix, un peu au delà de Côte-Rousse, en passant par les carrières et le village de la Croix-Rouge-Dessous jusqu'à la limite de la commune de Sonnaz.

Chemins d'intérêt commun

Chemin d'intérêt commun n° 1, de Chambéry à La Motte-Servolex :

De son origine à l'extrémité de la rue Sainte-Barbe, par l'avenue Jean-Jaurès et la chaussée côté sud de l'ancien champ de manœuvres, jusqu'au Pont-d'Hyères.

Chemin d'intérêt commun n° 4, de Chambéry au Pas-de-la-Fosse :

De son origine au pied de la rampe du Bocage, jonction avec la rue Jean-Jacques-Rousseau en passant devant le stand militaire des Charmettes, jusqu'à la limite de la commune de Barberaz, près de Bellevue.

Chemin d'intérêt commun n° 7, de Chambéry à Entremont-le-Vieux :

De son origine au bas de la rampe de la Moutarde, vers l'ancien champ de manœuvres, par Montjay, la Croix-des-Brigands, le Haut-Maché, le Petit-Biollay, jusqu'à la limite de la commune de Jacob-Bellecombette.

Chemin d'intérêt commun n° 8, de Chambéry à Vérel-Pragondran :

De son origine au carrefour de Joppet, par la route de Bassens, jusqu'à la limite de cette commune.

Chemin d'intérêt commun n° 10, de Chambéry à Voglans :

De son origine au viaduc du chemin de fer du Reclus par la Cassine, jusqu'à la limite de la commune de Chambéry-le-Vieux.

Chemin d'intérêt commun n° 12, de Chambéry aux Marches :

De son origine, jonction avec le chemin d'intérêt commun n° 4, en aval du stand militaire des Charmettes, par la route du Mont-Carmel, jusqu'à la limite de la commune de Barberaz.

Chemins vicinaux ordinaires

Chemin n° 1 de la Revériaz, du Pont-d'Hyères à la propriété Horteur, à la Favorite.

Chemin n° 2 des Vieux-Capucins, du Haut-Maché au Pont-Vieux de Cognin.

Chemin n° 3 de Salins, du Pont-Vieux de Cognin à Jacob-Bellecombette.

Chemin n° 4 de Saint-Saturnin, de la Croix-Rouge-Dessous au col de Saint-Saturnin.

Chemin n° 5 de la Fontaine Saint-Martin.

Chemin n° 6 du Chaney, de la route nationale n° 6 vers les Hospices au village du Port, à Jacob-Bellecombette.

Chemin n° 7 de la Fontaine Saint-Martin aux Charmettes.

Chemin n° 8 des Monts-Dessous, de la Violette à la limite de Bassens.

Chemin n° 9 des Charmettes, du stand militaire aux Charmettes.

Chemin n° 10 du Colombier (rue Costa-de-Beauregard), de la route nationale n° 6, Pont de la Garatte, au Bocage.

Chemin n° 11 de Massalaz, de la route nationale n° 6 à la Croix-des-Brigands.

Chemin n° 12 de la Montée-Valérieux, de la place Caffe au chemin de grande communication n° 3, à Bellevue.

Chemin n° 13 du Covet, de l'église de Maché à l'usine de désinfection.

Chemin n° 14 des Moulins de Mérande, de la propriété Lachenal au carrefour de Joppet.

Chemin n° 15, dit boulevard de Lémenc, du carrefour du parc de Lémenc à la route nationale n° 201, à la Chaumière.

Chemin n° 16 de Hautebise, du pont sur le chemin de fer, faubourg Reclus, à la Violette.

Chemin n° 17 de la Croix-Rouge-Dessus.

Chemin n° 18 de Piochet à Pugnet.

Chemin n° 19 de Piochet à Caramagne.

Chemin n° 20 de la Cassine à la Fontaine de la Boisse, de la propriété *Lenox* à la Fontaine de la Boisse, par la Rotonde, au chemin d'intérêt commun n° 10.

Chemin n° 21 de l'Angleterre (rue Nicolas-Parent), du boulevard du Verney au Pont des Chèvres, avec embranchement de l'avenue du Comte-Vert à la maison Bernasconi.

Chemin n° 22 du Bon-Pasteur, du Jardin public du Verney au chemin d'intérêt commun n° 1.

Chemin n° 23 des Rochères.

Chemin n° 24 de Méry, par Montagny.

Chemin n° 25, dit de Dijoud, du passage à niveau n° 29 au chemin de grande communication n° 1, portail de Boigne.

Chemin n° 26 de Mérande, du Pont Saint-François (boulevard de Lémenc jusqu'au carrefour du parc) à la limite de Bassens.

Chemin n° 27 de la Fontaine.

Chemin n° 28 de Chantemerle.

Chemin n° 29 de la Brûle.

Chemin n° 30 de la Mogna.

Voirie rurale et urbaine

Toutes les autres voies non désignées ci-dessus seront comprises dans la voirie rurale et urbaine.

TITRE II

POLICE DE LA VOIRIE

ART. 3. — *Objet de la police de voirie.* — La police de la Voirie a pour objet :

1° la conservation des voies publiques ;

2° la commodité, la liberté et la sécurité de leur usage ;

3° l'ordre, la tranquillité, la propreté et la salubrité qui doivent y être maintenus ;

4° la constatation, la poursuite et la répression des infractions aux lois et règlements qui les concernent.

Le présent règlement a plus spécialement trait aux deux premiers objets.

CHAPITRE PREMIER

1° DES DEMANDES ET DES AUTORISATIONS

ART. 4. — *Nécessité des autorisations.* — Nul ne pourra construire, reconstruire, démolir ou réparer aucun bâtiment ni aucune clôture provisoire ou définitive, ni en général exécuter un travail quelconque le long de la voie publique qu'après en avoir demandé et obtenu de l'Administration compétente l'autorisation, l'alignement et le nivellement. Cette autorisation est essentiellement limitative ; les travaux qui ne s'y trouvent pas spécifiés en termes formels restent interdits.

ART. 5. — *Formes des demandes.* — Toute demande de permission de voirie ayant pour objet d'établir des constructions le long des rues, routes, chemins, places ou promenades ; de modifier les façades de celles qui existent, ou de former une emprise quelconque sur le sol des voies publiques et de leurs dépendances, ou d'établir des canalisations quelconques, devra être rédigée sur papier timbré.

La demande devra être adressée :

Au Préfet, pour ce qui concerne les routes nationales, les routes départementales, chemins de grande communication et d'intérêt commun.

Toutefois, pour les branchements d'égouts sous les routes dépendant de la grande voirie et de la voirie vicinale, la demande sera faite en double, dont une sera adressée à M. le Maire pour les dispositions d'évacuation à l'égout.

Au Maire seulement pour toutes les autres voies de communication : vicinales, rurales ou urbaines.

La demande désignera d'une manière précise l'endroit où les travaux devront être exécutés, le détail des ouvrages projetés, leur nature, leurs dispositions, leurs dimensions, ainsi que la surface à occuper sur la voie publique pour les dépôts de matériaux et les travaux d'édification.

ART. 6. — *Justification à joindre à la demande.* — Toute demande en autorisation de construire, reconstruire ou exhausser un bâtiment ou d'y pratiquer des ouvrages en sous-œuvre, devra être accompagnée des plans, plan local, plan de détail à tous les étages régulièrement cotés, élévations, coupes cotées des travaux projetés, en double expédition, signés par l'architecte chargé de diriger les travaux.

La demande devra indiquer en outre le nom du propriétaire et celui de l'entrepreneur chargé de l'exécution des travaux.

Dans les vingt jours qui suivront la réception de la demande et des documents l'accompagnant, le pétitionnaire devra être avisé par l'Ingénieur municipal de la suite donnée à celle-ci.

ART. 7. — *Alignement et nivellement.* — *Obligations de se conformer aux prescriptions.* — Le constructeur devra se conformer à l'alignement et au nivellement qui lui seront fixés. Les moyens de repérer les alignements et nivellements et de procéder aux opérations nécessaires à leur reconnaissance seront fournis par le pétitionnaire, à l'exception des instruments de précision.

Les nivellements seront rapportés au niveau moyen de la mer et rattachés aux repères en fonte placés sur les points principaux de la Ville.

Dans le cas où le propriétaire voudrait édifier un bâtiment en retrait sur l'alignement, il devra obligatoirement clore sa propriété à l'alignement réglementaire.

Il devra, en outre, se soumettre aux prescriptions qui lui seront faites dans l'intérêt de la sûreté, de la salubrité et de la circulation publiques.

Tout bâtiment dont le rez-de-chaussée est destiné à l'habitation devra, s'il n'est pourvu de caves ou sous-sols, être établi dans des conditions d'étanchéité que peut assurer l'imperméabilité des carrelages, ciments ou parquets spécialement combinés à cet effet.

Il sera nécessaire de ménager l'emplacement destiné à recevoir, sur toute la hauteur du bâtiment, les colonnes montantes pour les distributions d'eau et de gaz. Tout bâtiment à plusieurs étages devra, pour la distribution d'eau, comporter une colonne montante sur laquelle seront faites les prises spéciales à chaque appartement.

ART. 8. — *Droits de voirie.* — Toute autorisation de voirie entraîne le paiement d'un droit fixé d'après le tarif voté par le Conseil municipal et approuvé par le Préfet. Le permissionnaire devra acquitter ce droit en retirant l'autorisation, et ce, avant tout commencement de travail.

ART. 9. — *Présentation de l'acte d'autorisation.* — L'autorisation délivrée devra être présentée à toute réquisition des agents de la Voirie municipale et du Bureau d'hygiène.

ART. 10. — *Responsabilité des architectes, entrepreneurs, propriétaires.* — L'architecte et l'entrepreneur chargés de l'exécution des travaux seront responsables solidairement avec le propriétaire du défaut d'accomplissement des formalités et des prescriptions insérées dans l'arrêté d'autorisation.

La Ville se réserve de les poursuivre solidairement à cet effet devant les tribunaux compétents simultanément ou chacun d'eux séparément.

ART. 11. — *Constructions en dehors de la voie publique.* — En conformité des prescriptions de la loi du 15 février 1902, relative à la protection de la santé publique et du règlement municipal d'hygiène, il est expressément interdit, dans l'intérêt de la sûreté et de la salubrité, à tous propriétaires de construire, reconstruire ou exhausser un bâtiment quelconque soit sur cour, soit sur impasse, soit dans un enclos, avant d'en avoir fait la déclaration et soumis les plans à M. le Maire.

2° CONDITIONS DES AUTORISATIONS

ART. 12. — *Indication du moment du commencement des travaux.* — Tout propriétaire autorisé à faire un ouvrage quelconque doit indiquer à l'avance à M. le Maire l'époque à laquelle les travaux seront entrepris, afin qu'il puisse être procédé à une première vérification ou, s'il y a lieu, au tracé de l'alignement et du nivellement.

ART. 13. — *Récolement du nivellement et de l'alignement.* — Le permissionnaire, ou à son défaut l'entrepreneur, doit prévenir une seconde fois M. le Maire ou ses agents au moment de la pose de la première assise au-dessus du sol. S'il continue la construction sans avoir obtenu de l'Administration municipale le récolement de l'alignement et du nivellement, il s'expose à démolir les parties édifiées, si celles-ci sont en contravention avec les prescriptions de l'autorisation de construire. Le récolement sera fait dans les trois jours de la demande.

ART. 14. — *Vérification finale.* — Toute permission de voirie donne lieu à une vérification finale par les agents de l'Administration municipale. Si les conditions imposées ont été remplies, ce fait est constaté par un procès-verbal de récolement inscrit à la suite de la minute et de l'expédition délivrée au permissionnaire.

Dans le cas où des contraventions auraient été commises, elles seront l'objet de rapports spéciaux et poursuivies comme de droit.

ART. 15. — *Durée de validité des autorisations.* — Les autorisations ne sont valables que pour un an à partir de la date de l'arrêté qui les accorde. Elles seront périmées de plein droit si les travaux n'ont pas été commencés avant l'expiration de ce délai.

Les droits de voirie perçus pour les dites autorisations ne sont pas remboursés.

Art. 16. — *Imprescriptibilité de la voie publique et révocabilité des autorisations.* — Tous les ouvrages établis sous le sol de la voie publique n'existant qu'à titre de simple tolérance, en vertu de l'imprescriptibilité de la voie publique, devront être modifiés, déplacés et même supprimés par les propriétaires, à leurs frais et sans indemnité, sur une injonction motivée de l'autorité municipale. Si cette injonction restait sans effet, les travaux seraient exécutés d'office par l'Administration municipale et aux frais du propriétaire.

Art. 17. — *Droits des tiers et de l'Administration.* — Les permissions de voirie ne sont données que sous toute réserve des lois et règlements en vigueur, des droits des tiers, ainsi que de ceux de l'Administration municipale.

Les tiers qui possèdent des titres et des droits auxquels l'usage d'une permission porterait atteinte conservent par suite la faculté de les faire valoir devant l'autorité judiciaire.

En conséquence, les permissionnaires restent directement responsables vis-à-vis de l'Administration municipale et des tiers de tous dommages, dépréciations, accidents qui pourraient résulter de leurs travaux ou des saillies telles que balcons, bow-window, tentes, marquises, écussons, etc...

Art. 18. — *Immeuble formant angle.* —Lorsqu'une construction doit être élevée à l'angle formé par deux voies publiques, l'une appartenant à la voirie urbaine, l'autre dépendant de la grande voirie ou de la voirie vicinale, la permission de bâtir et l'alignement sont donnés, pour la voirie urbaine, par le Maire, et pour les autres par le Préfet.

Art. 19. — *Nécessité de l'autorisation municipale pour les routes et chemins relevant de la grande voirie et de la voirie vicinale.* — Les autorisations accordées par le Préfet pour les constructions bordant la grande voirie et la voirie vicinale ne dispensent pas de l'autorisation spéciale du Maire pour ce qui concerne les conditions d'élévation, de solidité et de salubrité.

Art. 20. — *Travaux entrepris sans autorisation ou non conformes à l'autorisation.* — Tous les travaux entrepris sans autorisation doivent être suspendus dès que l'injonction en est faite au propriétaire ou à l'exécutant.

Les contrevenants seront poursuivis conformément aux lois devant les tribunaux compétents.

Nota. — Toutes les dispositions du Règlement sanitaire de la Ville de Chambéry qui pourraient compléter les prescriptions ci-dessus restent entièrement applicables.

CHAPITRE DEUXIÈME

OBJETS ET TRAVAUX DIVERS

SECTION I

Saillies et renfoncements

1° **Saillies**

ART. 21. — *Nécessité de l'autorisation.* — Aucune saillie sur la face des bâtiments riverains de la voie publique ne pourra être rétablie ou réparée sans une autorisation spéciale.

ART. 22. — *Mesure des saillies.* — Toutes les saillies seront mesurées à partir du nu du mur de face des constructions — alignées ou non alignées.

ART. 23. — *Saillies.* — Les saillies autorisées ne pourront excéder les dimensions fixées ci-après et devront satisfaire aux conditions qui y sont déterminées.

Seuils et marches. — Il sera permis d'établir aux entrées des maisons un seuil dont la saillie n'excédera pas les dimensions suivantes :

1° Dans les rues de 4 à 6 mètres . . . . 0 m. 18
2° Dans les rues de 6 m. et au-dessus . . . . 0 m. 20

Si les dispositions des lieux exigent plus d'une marche, celles en sus devront être installées à l'intérieur de la construction.

Toutes les fois que le propriétaire d'une maison pourvue de seuils et marches excédant la saillie prescrite demandera à faire une réparation devant amener le remaniement des ouvertures existant au rez-de-chaussée de la maison ou la reconstruction des planchers, il réduira la saillie totale de ces marches à la largeur réglementaire.

La hauteur des seuils et marches, mesurée au droit des ouvertures, ne pourra excéder 0 m. 20 au-dessus du trottoir.

Larmiers ou soupiraux de cave. — Les larmiers ou soupiraux de cave seront établis sans saillie dans le mur de face et devront être fermés par des grillages.

Socles et soubassements. — La saillie des socles et soubassements n'excédera pas les dimensions ci-après :

Pour une rue de 4 à 6 mètres de largeur 0 05
Pour une rue de 6 mètres et au-dessus 0 07

Ces socles, plinthes ou soubassements pourront faire ressaut avec la même saillie au droit des pilastres, colonnes, chaînes d'angle, chambranles et piédroits.

Leur hauteur, mesurée au milieu de la façade, ne devra pas excéder le tiers de la hauteur du rez-de-chaussée.

Pilastres, colonnes, chaînes d'angles, chambranles, piédroits et parements de décorations.
— La saillie maximum des pilastres, colonnes, chaînes d'angle, chambranles, piédroits et parements de décorations ne sera pas supérieure à 0 m. 16.

Les pilastres, colonnes, caissons isolés en menuiserie ne seront permis qu'au rez-de-chaussée et à l'entresol.

Corniches et auvents de magasins ou entablements. — Les corniches et auvents de magasins ou entablements devront être établis à plus de 3 m. de hauteur au-dessus du trottoir ; leur saillie, toutes moulures comprises, n'excédera pas les dimensions suivantes :

Dans les rues de 4 à 6 mètres . . . . 0 m. 35
Dans les rues de 6 à 8 mètres et au-dessus . . . . 0 m. 45

Devantures et fermetures des magasins. — La façade des caissons, toute espèce d'ornements compris, n'aura, en aucun cas, une saillie supérieure à celles ci-après indiquées :

Dans les rues ayant jusqu'à 10 mètres de largeur . . . . 0 m. 16
Dans les rues au delà de 10 mètres . . . . 0 m. 18

Appuis de fenêtres, cordons, bandeaux, frises, barres de support. — La saillie des appuis de fenêtres, cordons, bandeaux, frises et barres de support n'excédera pas les dimensions suivantes :

Dans les rues de 4 à 8 mètres . . . . 0 m. 10
Dans les rues de 8 à 12 mètres et au-dessus. 0 m. 15

Les appuis de fenêtres ne pourront jamais être considérés comme des balcons. Dans tous les cas, la saillie des barres d'appui ou coudières ne devra pas dépasser celle des appuis.

Corniches des fenêtres et petits frontons au-dessus des baies. — Les corniches et petits frontons au-dessus des baies ne pourront être qu'en pierre de taille ou en matériaux d'une solidité équivalente. L'emploi du plâtre et de la molasse est interdit.

Leurs saillies auront les dimensions suivantes :

Dans les rues de 4 à 8 mètres . . . . 0 m. 10
—   8 à 12   —   . . . . 0 m. 15
—   12 mètres et au-dessus . . . . 0 m. 25

Petits auvents et abat-jour au-dessus des fenêtres. — La saillie maximum pour les petits auvents et abat-jour à établir au-dessus des fenêtres sera de :

Dans les rues de 4 à 6 mètres . . . . 0 m. 10
—   6 à 12   —   . . . . 0 m. 15
—   12 mètres et au-dessus . . . . 0 m. 25

Passée des toitures dit « avant-toit », entablements et corniches, y compris cheneaux. — Les corniches des maisons ne pourront être qu'en bois, en pierre de taille ou autres matériaux d'une solidité équivalente lorsqu'elles formeront parpaing ; l'emploi du plâtre ou de la molasse est interdit.

Leur saillie, cheneau compris, sera limitée aux dimensions suivantes :

Dans les rues de 4 à 6 mètres . . . . 0 m. 60
     —   6 à 8   —   . . . . \ . 0 m. 70
     —   8 à 12   —   . . . . · . . 0 m. 80
Sur les places, boulevards et quais . . . . - . . . . . 1 m. »

Balcons. — Sont considérés comme balcons, toutes les saillies extérieures accessibles par des portes-fenêtres dépassant le nu du mur de 0 m. 20 et placées à moins de 0 m. 25 du niveau du plancher.

Les balcons ne seront autorisés que sur les façades à l'alignement et en conséquence non sujettes à modification de reculement.

Les balcons ne pourront être établis qu'à 4 m. 30 de hauteur au-dessus du sol et seulement dans les rues dont la largeur ne sera pas inférieure à 8 mètres. Toutefois, s'il existe au-devant de la façade un trottoir de 1 m. 30 de largeur au moins, la hauteur pourra être réduite à 3 m. 50 au-dessus du dit trottoir.

Cette cote de hauteur s'appliquera dans tous les cas aux petits balcons.

Leur saillie ne pourra excéder les dimensions suivantes :

Grands balcons :

Dans les rues de 8 à 12 mètres de largeur . . . . 0 m. 80
Dans les rues de plus de 12 mètres et sur les quais et boulevards . . . . · . . . . 0 m. 90

Petits balcons :

Quelle que soit la largeur des rues . . . . 0 m. 35

Les balcons ne pourront être construits qu'en pierre dure et non gélive ou en tous autres matériaux de solidité et résistance équivalentes.

L'Administration se réserve le droit d'autoriser l'établissement de balustrades en pierre lorsqu'il n'en résultera aucune gêne pour la vue des voisins.

Il est interdit de placer sur les balcons des séparations à panneaux pleins, et toutes celles qui peuvent exister devront être supprimées dans un délai de six mois à partir de l'approbation du présent règlement.

Lorsque des séparations seront nécessaires, elles seront formées d'un léger barreaudage de fer.

Bow-Window. — Les bow-window établis en saillie sur la voie publique devront remplir les conditions suivantes :

les voies sur lesquelles ils seront édifiés auront au moins 12 mètres de largeur ;
leur seuil sera au moins à 5 mètres au-dessus du trottoir ;
ils présenteront toutes les conditions désirables d'aspect et de solidité.

Les corniches des bow-window auront au maximum une saillie de 0 m. 30 ; les autres saillies, telles que cordons, appuis et corniches de baies, etc., n'excéderont pas 0 m. 20.

La saillie des bow-window sur le nu des murs de face n'excédera pas :

0 m. 40 s'ils sont établis sur voie de 12 mètres de largeur ;
0 m. 60   —   —   15   —
0 m. 70   —   —   au-dessus de 15 mètres.

Marquises. — Il ne pourra être autorisé de marquises que dans les rues ayant des trottoirs.

Les marquises seront munies de cheneaux et supportées par des consoles en fer ou par des tirants, scellés dans le mur de façade.

La partie inférieure des marquises ne doit pas se trouver à moins de 3 m. 50 au-dessus du trottoir.

La partie inférieure des consoles supportant les marquises ne doit pas se trouver à moins de 2 m. 50 au-dessus du trottoir. Elles seront construites en fonte ou en fer forgé et solidement établies. Elles ne pourront être couvertes qu'en fort verre de 6 mm. d'épaisseur minimum et elles devront réunir à une grande solidité un caractère d'élégance susceptible de produire un effet décoratif. Le permissionnaire devra les entretenir dans un parfait état de propreté.

La saillie ne sera jamais supérieure à 3 mètres ; elle devra être dans tous les cas limitée à 0 m. 25 en arrière de la bordure des trottoirs, lorsque la largeur de ces derniers n'excédera pas 2 mètres, et à 0 m. 50 pour les trottoirs d'une largeur supérieure. S'il existe une plantation, la partie la plus saillante devra être au moins à 0 m. 80 en arrière de l'axe de la plantation.

Les marquises ne pourront recevoir de garde-corps ni être utilisées comme balcons. Seules des enseignes peintes ou en lettres découpées pourront être permises sur la partie pleine des bandeaux et fronton.

Les autorisations sont personnelles et ne seront délivrées qu'à titre précaire et sous réserve des droits des tiers. L'Administration municipale aura le droit de la retirer à toute époque pour une cause quelconque et sans indemnité. Dans ce cas, le propriétaire de la marquise, et, à son défaut, le propriétaire de l'immeuble, sera tenu de remettre les lieux dans l'état primitif, sur une simple injonction de l'Administration et le droit de voirie qu'il aura payé restera acquis à la Ville.

Marquises aux étages. — Des marquises pourront être autorisées aux divers étages d'une maison à condition qu'elles ne reposent ni sur le garde-corps, ni sur la plate-forme du balcon ; leur saillie ne pourra dépasser celle accordée pour les balcons.

Tableaux, enseignes, écussons, ornements et attributs fixes. — Les demandes en autorisation d'établir, de transporter ou de repeindre une enseigne devront contenir le texte même de l'inscription et faire connaître les dimensions de l'enseigne, ainsi que l'endroit où elle sera placée ; le pétitionnaire devra encore indiquer si l'enseigne sera en bois, en métal ou en toile ; si elle sera simplement peinte sur mur ou si les lettres seront en relief. Les enseignes appliquées contre les façades à moins de 3 mètres de hauteur au-dessus du trottoir ne pourront jamais dépasser sur le nu de l'alignement la saillie de 0 m. 15.

Les écussons, attributs, etc., placés perpendiculairement ou obliquement aux façades et à 3 m. 50 au moins au-dessus du trottoir ne pourront excéder en saillie une largeur de 0 m. 60.

Horloges, lanternes transparentes et enseignes sur consoles. — Les horloges, les lanternes transparentes et les enseignes sur consoles ne pourront être placées qu'à plus de 3 m. 50 au-dessus du trottoir et leur saillie ne pourra excéder 0 m. 80 du nu du mur. Elles ne pourront être autorisées que dans les rues qui ont des trottoirs.

Tuyaux de descente. — Les tuyaux de descente n'excéderont pas, sur la hauteur du rez-de-chaussée et sur le nu du mur, une saillie de 0 m. 16.

Montres, Attributs mobiles. — Les montres et attributs mobiles, y compris supports, crochets et points d'appui, n'excéderont pas sur les trottoirs, à partir de la face du mur :

Dans les rues ayant jusqu'à 10 mètres de largeur . . . . 0 m. 16
— au delà de 10 mètres de largeur . . . . 0 m. 18

Étalages. — Les étalages placés devant les magasins sur le sol des trottoirs ne devront pas, dans tous les cas, faire une saillie de plus de 0 m. 50. Quand les trottoirs auront moins d'un mètre de largeur, la saillie des étalages ne devra jamais dépasser la moitié de la largeur du trottoir au droit des dits étalages.

Ceux appliqués contre les devantures ou contre les murs de façade et supportés par des consoles et garantis par des grillages ou caisses d'entourage ne devront pas faire une saillie supérieure à 0 m. 25.

Volets mobiles placés devant les cafés. — Les volets mobiles placés sur les trottoirs devant les cafés devront être d'aspect convenable et ne comporter aucune inscription ; ils devront laisser entre eux et la bordure de trottoir une distance qui ne sera jamais inférieure à 1 m. 25.

Les permissionnaires ne pourront placer ces volets dehors que du 1er avril au 1er novembre.

ART. 24. — *Clause modificative.* — Les saillies déterminées par l'article précédent pourront toutefois être modifiées, augmentées ou restreintes suivant le cas, par arrêté motivé du Maire.

2° **Renfoncements**

ART. 25. — *Conditions pour la permission à accorder.* — La permission de rebâtir une maison située en arrière de l'alignement ne pourra être accordée qu'à charge par le propriétaire de se clore sur l'alignement après avoir payé le prix du terrain réuni à sa propriété.

Construction de clôture. — Cette clôture devra être en maçonnerie pleine ou une clôture formée d'un socle en maçonnerie surmonté d'une grille en fer ou en fonte. Son élévation ne pourra pas avoir moins de 2 mètres à partir du niveau du sol de la voie publique.

Dans tous les cas, l'Administration municipale pourra toujours obliger les propriétaires à construire une clôture sur l'alignement afin de supprimer les angles, les renfoncements dangereux ou nuisibles pour la sécurité ou la salubrité publiques.

ART. 26. — *Construction légère masquant un renfoncement entre deux immeubles.* — Il est permis de masquer par des constructions légères les angles d'un renfoncement entre deux maisons contiguës, dont l'une est en avancement et l'autre en reculement.

En aucun cas, ces constructions ne pourront excéder la hauteur du rez-de-chaussée, et elles devront être supprimées dès qu'une maison attenante sera mise à l'alignement.

L'Administration municipale se réserve toujours le droit d'accorder ou de supprimer l'autorisation.

SECTION II

Travaux des particuliers à la surface ou dans le sol des voies publiques
Occupation

ART. 27. — *Nécessité de l'autorisation.* — Aucun travail, aucun dépôt ne peuvent être effectués sur ou sous la voie publique sans l'autorisation de l'Administration municipale.

ART. 28. — *Plaque indiquant le nom de l'entrepreneur effectuant des fouilles.* — Toute personne qui aura obtenu l'autorisation d'effectuer des fouilles ou des dépôts sur la voie publique devra faire placer sur le lieu des travaux une plaque indiquant apparemment le nom de l'entrepreneur chargé de leur exécution. Elle sera responsable, à ce titre, de l'observation du règlement.

ART. 29. — *Conditions pour effectuer des fouilles sur la voie publique.* — Les propriétaires ou leurs entrepreneurs ne pourront exécuter des tranchées sur la voie publique, sauf pour les fondations des murs de face des immeubles. Toute tranchée et tout travail de branchement d'égout, de gaz, de canalisations d'eau et rétablissement des chaussées et dallages au-dessus des tranchées seront exécutés aux frais du riverain, sous la surveillance de la voirie, par l'entrepreneur de la Ville ou par un entrepreneur agréé par l'Administration municipale.

Fouilles pour fondations de murs. — Les tranchées ouvertes pour l'établissement des fondations devront être fouillées jusqu'au bon sol. A son défaut, les propriétaires et les constructeurs seront tenus d'employer les moyens d'art en usage. Les parois des fouilles des fondations du côté de la voie publique, quelle que soit d'ailleurs la consistance des terres, devront toujours être solidement étayées. L'inclinaison des parois à partir du mur de fondation ne pourra, en aucun cas, avoir moins du cinquième de la profondeur de la fouille.

Remblaiement de fouilles. — Le remblai, entre la paroi et le mur, sera opéré dès que la fondation sera construite à hauteur du sol ; il sera fortement pilonné par petites couches. Il est défendu de se servir pour remblai de boues, détritus et toutes autres matières sans consistance. Les fouilles seront toujours remblayées de façon à ne jamais gêner la circulation.

Les murs de fondation ne pourront servir de parois aux fosses d'aisances. —Aucun mur de fondation ne pourra servir de paroi à une fosse d'aisances.

Epaisseur des murs en fondation. — Les propriétaires devront, dans l'intérêt de la sûreté publique et sous leur responsabilité, établir les épaisseurs de murs en raison de la hauteur de la construction et du poids à supporter.

ART. 30. — *Eclairage de nuit des tranchées sur la voie publique.* — Toute tranchée ouverte sur la voie publique devra être éclairée pendant la nuit et entourée d'une barrière solide ; les terres de la tranchée seront enlevées si le service de la Voirie le juge nécessaire, au fur et à mesure de leur jet hors de la fouille, afin de ne point gêner la circulation.

Art. 31. — *Objets trouvés dans les fouilles.* — Les objets curieux ou de valeur trouvés dans les fouilles, sous le sol de la voie publique, sont, à moins de preuve contraire, la propriété de la Ville. Ils doivent être remis immédiatement au Commissaire de police qui constatera la remise, sans préjudice, s'il y a lieu, des droits attribués par le Code civil à l'auteur de la découverte.

Art. 32. — *Obligation d'établir des barrières.* — Il est interdit de procéder à aucune fouille, démolition, construction ou grosse réparation des murs de face des bâtiments riverains, ou de déposer des matériaux sur la voie publique avant d'avoir établi, sur la ligne déterminée par la permission, une barrière ayant au moins deux mètres de hauteur et constituée par des planches brutes mais à arêtes verticales bien alignées, clouées à cinq centimètres d'intervalle l'une de l'autre sur deux traverses horizontales situées en dedans de la barrière et solidement clouées sur des poteaux enfoncés à 0 m. 50 au moins dans la chaussée ou les trottoirs. Ces poteaux ne devront pas s'élever au-dessus de la barrière et l'arête supérieure de celle-ci devra constituer une ligne droite parallèle à l'axe de la chaussée.

Les barrières pourront être disposées par panneaux mobiles sur taquets qui devront être rigoureusement fermés le soir.

Les portes pratiquées dans les barrières devront ouvrir en dedans.

Extension devant les voisins. — Le permissionnaire pourra être autorisé à étendre la clôture de son chantier au-devant des propriétés contiguës, s'il produit le consentement écrit des voisins.

Eclairage des barrières et des étais. — Les barrières seront pourvues d'un nombre suffisant de lanternes, dont une à chaque angle des extrémités, afin d'éclairer les parties en retour.

L'éclairage commencera aux mêmes heures que celui de la Ville.

Les étais devront également être éclairés, ainsi que tous autres objets formant obstacle à la circulation.

Accès aux bornes-fontaines, etc. — Les bornes-fontaines, bouches d'arrosage, ainsi que les candélabres de l'éclairage public, seront laissés libres de tous embarras et parfaitement accessibles en dehors des barrières établies convenablement à cet effet.

Art. 33. — *Durée, suppression ou réduction des entrepôts.* — La permission fixera le lieu et l'étendue de l'entrepôt. La durée sera calculée à partir du jour de l'occupation de la voie publique, constatée contradictoirement par le service de Voirie et le permissionnaire ; elle se prolongera jusqu'au jour où ce dernier préviendra officiellement le Maire que les barrières ont été supprimées et que la chaussée a été remise en parfait état.

L'Administration municipale se réserve le droit de faire supprimer ou réduire l'entrepôt lorsque les besoins de la circulation ou l'exécution de travaux publics l'exigeront, sans que le permissionnaire puisse réclamer aucune indemnité.

Art. 34. — *Echafaudages.* — Les échafaudages volants seront suspendus au moyen de cordes solides. Ils seront garnis, dans toute leur longueur, de planches solidement fixées à des montants formant garde-corps sur un mètre de hauteur, afin de prévenir les accidents.

Art. 35. — *Défense de jeter des débris de matériaux sur la voie publique.* — Il est défendu à tous les ouvriers, particulièrement aux maçons, plâtriers, couvreurs, fumistes, de jeter sur la voie publique les recoupes, plâtras, ardoises, tuiles et autres résidus des matériaux employés. La préparation de ceux-ci devra se faire entièrement à l'intérieur des barrières.

Art. 36. — *Avertissement aux passants.* — Les entrepreneurs faisant exécuter aux bâtiments riverains de la voie publique des ouvrages pouvant faire craindre des accidents ou susceptibles d'incommoder les passants seront tenus, s'il n'y a point de barrières au-devant des dits bâtiments, de placer des planches posées de champ et suivant une inclinaison d'environ 45° en travers du trottoir, aux deux extrémités de la façade, et à tous les dix mètres environ entre celles-ci.

Ces planches devront porter l'inscription « ATTENTION » peinte ou imprimée en gros caractères sur chacune de leurs faces verticales.

Art. 37. — *Réparations des dégradations causées à la voie publique.* — Il est interdit de commencer une construction ou de faire des entrepôts de matériaux avant d'avoir, au préalable, placé un platelage solide sur les bordures de trottoirs et sur les rigoles. Le platelage sera maintenu pendant toute la durée des travaux ou entrepôts.

Le déchargement des matériaux devra toujours se faire à la main ; en aucune façon, les pierres, briques, etc., ne devront être jetées ou projetées sur la voie publique ; les voitures ne devront pas séjourner sur les trottoirs.

L'entrepreneur, ou à son défaut le propriétaire, devra, avant tout commencement de travail, faire constater par le chef de la Voirie l'état des trottoirs et de la chaussée ; il sera dressé, s'il en est besoin, un procès-verbal contradictoire des dégâts déjà existants, afin que l'entrepreneur n'en soit pas rendu responsable à l'achèvement des travaux.

Dans les vingt-quatre heures qui suivront la suppression des barrières, étais, etc., les dégradations faites à la voie publique et aux trottoirs et résultant des travaux exécutés seront réparées aux frais du propriétaire et, dans le cas où ce dernier n'aurait pas fait la réparation, par les entrepreneurs de la Ville sous la surveillance des agents de la Voirie et aux frais du dit propriétaire.

Si, dans le courant de l'an qui suivra l'achèvement des travaux, il se produisait, par suite de la confection des remblais des tranchées, des tassements qui entraînent la dislocation du trottoir, de la chaussée ou des conduites d'eau et de gaz, le propriétaire en demeurera responsable et la réparation sera faite à ses frais.

Art. 38. — *Enlèvement des débris autour des chantiers ou entrepôts et transport des décombres.* — Il est expressément enjoint aux entrepreneurs de faire enlever chaque jour les gravois et autres résidus répandus sur la voie publique autour de leurs chantiers ou entrepôts ; sous aucun prétexte, les matériaux dont l'approvisionnement aurait été toléré en dehors de l'entrepôt ne pourront rester en dépôt pendant la nuit. Le dépôt provisoire devra toujours s'effectuer de manière à ne point interrompre l'écoulement des eaux sur la voie publique ou dans les cunettes qui la bordent, ni gêner la circulation.

Pendant la durée des travaux, le permissionnaire devra faire balayer et enlever les boues, poussières et immondices, etc., aussi fréquemment que cela sera nécessaire pour le maintien de la propreté.

Lorsqu'on chargera des décombres ou des matériaux susceptibles d'être emportés par le vent, le voiturier sera tenu de les arroser avant tout chargement.

Les décombres, terres, gravois, provenant des démolitions et objets ou matières généralement quelconques seront versés dans les tombereaux au moyen de sacs et non jetés à la pelle. Ils seront transportés en sacs si cela est nécessaire, de manière à ne rien laisser échapper sur la voie publique.

Toutes les fois que la liberté et la sûreté de la voie publique seront compromises, soit par refus de satisfaire aux obligations imposées, soit par négligence des particuliers et entrepreneurs, les agents de la Voirie, le Commissaire de police prendront administrativement, aux frais des contrevenants, les mesures nécessaires à l'effet d'assurer la libre circulation et prévenir les accidents.

ART. 39. — *Exécution des démolitions.* — Les démolitions devront être effectuées au marteau, sans abatage, en faisant tomber autant que possible les matériaux dans l'intérieur des bâtiments.

ART. 40. — *Démolitions, enlèvement des plaques, des repères, des lanternes.* — Il est interdit de procéder à la démolition d'aucun bâtiment sur la voie publique avant d'en avoir obtenu l'autorisation et avant l'enlèvement, par l'Administration, des plaques indicatrices des noms de rues, des repères et des lanternes publiques. Ces divers objets resteront propriété de la Ville. Si toutefois ils doivent être reposés après la construction d'un nouveau bâtiment, ils le seront aux frais du propriétaire.

SECTION III

Ecoulement des eaux pluviales et ménagères

ART. 41. — *Chéneaux et tuyaux de descente.* — Toute façade bordant la voie publique doit être garnie à la partie supérieure de chéneaux ou gouttières destinés à recevoir les eaux des toits. Ces eaux seront conduites jusqu'au niveau des trottoirs au moyen de tuyaux de descente en métal solidement fixés aux murs de face et dont l'extrémité inférieure devra être en fonte sur une hauteur de deux mètres au moins au-dessus du trottoir. Ces tuyaux s'adapteront soit à des gargouilles en fonte à recouvrement fixe avec rainure centrale, placées à fleur des trottoirs, soit à des gargouilles en fonte totalement cachées sous le trottoir et destinées à conduire les eaux dans la cunette de la rue, à moins que ces eaux puissent être conduites par un conduit souterrain en fonte, en ciment ou en poterie, dans l'un des canaux ou égouts de la Ville.

Gargouilles. — Entretien. — L'entretien des gargouilles et de tous autres ouvrages destinés à conduire les eaux dans la cunette de la rue restera à la charge des propriétaires.

ART. 42. — *Etablissement des tuyaux d'évier.* — Les tuyaux d'évier seront en fonte. Ils ne devront jamais être posés sur les façades bordant la voie publique. Il est interdit de leur donner aucun écoulement dans les rues, places, cours ou passages quelconques de la Ville.

Ils auront leur écoulement dans un canal souterrain aboutissant à l'un des canaux ou égouts de la Ville. Les conditions prescrites pour l'établissement de ces canaux sont contenues dans l'arrêté du 2 mars 1888 relatif à la construction des branchements particuliers.

Il ne pourra être établi non plus en saillie sur la voie publique aucune espèce de cuvette pour l'écoulement des eaux ménagères des étages divers des immeubles. Celles qui existent actuellement seront supprimées lorsqu'elles auront besoin de réparations.

SECTION IV

Usurpation et détérioration de la voie publique
Empiètements — Tables de cafés et arbustes — Garages de bicyclettes, etc.

ART. 43. — *Interdiction de dégrader la voie publique.* — Il est interdit de dégrader ou de détériorer de quelque manière que ce soit la voie publique, soit en creusant le sol, soit en enlevant des pierres ou des terres, hors les cas où ces actes auront été autorisés.

Il est également interdit d'empiéter sur sa largeur.

ART. 44. — *Remplissage des caves ou fosses après démolition dans les terrains à réunir à la voie publique.* — Dans le cas où, par suite de démolition d'un bâtiment, le propriétaire cédera du terrain à la voie publique, les voûtes des caves et des fosses sous le sol qui devra être réuni à la rue seront entièrement démolies et les vides remplis avec les décombres de la démolition.

ART. 45. — *Jours horizontaux pour éclairage.* — Il est expressément interdit, dans l'intérêt de la sûreté publique, de faire ouvrir sur la voie publique des châssis sous forme de trappon pour introduire par les ouvertures des marchandises ou des provisions quelconques dans le sous-sol et les caves.

Il est également interdit aux propriétaires ou constructeurs d'éclairer les sous-sols par des jours horizontaux sur le trottoir, à moins qu'ils n'aient présenté une demande spéciale pour leur création ou qu'ils en aient fait l'objet d'un article particulier de leur demande en autorisation de construire.

Ces jours seront établis de la manière suivante : leur longueur n'excédera pas 1 m. 50 et leur largeur 0 m. 60, celle-ci mesurée à partir du nu du mur ou du nu du socle de la devanture. Ils seront espacés entre eux d'au moins un mètre et fermés d'un fort châssis en fer forgé scellé par les quatre coins au moins à fleur du trottoir.

Ils seront entièrement garnis de verre d'une épaisseur de 0,04 au moins. Tout verre cassé sera immédiatement remplacé par le propriétaire sous peine de contravention et même de retrait de l'autorisation.

L'Administration municipale ne pourra jamais être rendue responsable des accidents ou avaries quelconques dus à l'existence des jours autorisés ou à leur défaut d'entretien, notamment en cas de submersion des trottoirs par les eaux de la chaussée.

Jours horizontaux pour aération. — Les sous-sols pourront être aérés par des jours sur trottoirs fermés par des barreaudages en fer espacés de 0 m. 03 et entrecroisés.

Ces cadres barreaudés, d'une longueur maximum de 1 m. 50 et d'une largeur de 0 m. 30, devront être solidement fixés à demeure, à fleur de trottoir.

Art. 46. — *Tables de cafés sur les trottoirs.* — Les tables de cafés ne pourront être placées sur la voie publique qu'après demande régulièrement autorisée indiquant le nombre de tables et de chaises à poser. Celles-ci ne pourront être tolérées que dans les rues ayant au moins 8 m. 50 de largeur et, dans ce cas, tables et chaises devront être disposées sur un seul rang plaqué contre la devanture, chaque table étant séparée de la suivante par deux chaises ou par un banc en tenant lieu.

Toutefois, dans les rues ayant une largeur de plus de 10 mètres, et sur les places, il sera toléré un rang de chaises au-devant de la table plaquée.

Dans tous les cas, le dessus des tables ne devra pas avoir plus de 0 m. 60 de côté, si elles sont carrees, ou 0 m. 60 de diamètre, si elles sont rondes, et les trottoirs devront avoir une bande libre, pour la circulation, de 1 m. 50.

Les tables et leurs chaises pourront être mises dehors dès l'ouverture de l'établissement jusqu'à minuit, et seulement du 1er avril au 1er novembre.

Toutes les tables excédant 0 m. 60 de largeur ou de diamètre, les tables et chaises placées avant ou après les époques fixées, celles en plus du nombre autorisé ou ne joignant pas immédiatement la devanture et ne laissant pas libre une bande de trottoir de 1 m. 50, seront considérées comme embarras sur la voie publique et supprimées d'office.

Toutefois, le M.aire pourra, dans certains cas particuliers et motivés, accorder des dérogations aux prescriptions du présent article, notamment en ce qui concerne l'installation de tables et chaises supplémentaires à titre provisoire.

En cas de suppression ou retrait de la permission accordée, il ne sera jamais fait remboursement des droits de voirie ; le contrevenant sera en outre poursuivi pour infraction au présent règlement.

Garages de bicyclettes. — Les garages de bicyclettes, de quelque nature qu'ils soient, ne devront pas avoir une longueur supérieure à un mètre. Leur installation sera seulement autorisée sur les trottoirs ayant plus de 2 mètres de largeur.

Ces garages, posés sans scellements sur les trottoirs, auront une direction normale à la bordure du trottoir, afin que les bicyclettes garées soient parallèles à la bordure ; ils devront laisser entre eux un intervalle minimum d'au moins 2 mètres. Le trottoir devra toujours avoir une bande libre de 1 m. 25.

Art. 47. — *Arbustes.* — Les arbustes ne seront tolérés que sur les trottoirs ayant au moins 2 m. 25 de largeur.

Les caisses rondes ou carrées ne pourront avoir plus de 0 m. 70 de diamètre ou de côté ; elles seront disposées sur un seul rang parallèle et à 0 m. 20 en arrière de l'arête extérieure de la bordure du trottoir ; elles laisseront entre elles un vide d'au moins deux mètres.

Il est interdit de les convertir en tables.

Art. 48. — *Suppression des tables et arbustes dans l'intérêt de la circulation.* — L'Administration municipale se réserve le droit d'ordonner l'enlèvement des tables et des arbustes le jour où, en raison d'une affluence extraordinaire ou pour tout autre motif, ils causeraient de sérieux embarras à la circulation.

Lorsque les besoins de la circulation le rendront nécessaire, l'Administration municipale pourra rapporter les autorisations accordées et sans aucune indemnité.

Art. 49. — *Tentes mobiles.* — Les tentes seront établies en toile ou en coutil et leur saillie sera limitée à 0 m. 25 centimètres au moins en arrière de l'aplomb de la bordure des trottoirs. Aucune partie des supports ne pourra être à moins de 2 m. 50 au-dessus du trottoir ; les joues et lambrequins, à moins de 2 m. 10. Dans aucun cas, ces tentes ne pourront être établies sur châssis, ni être retenues par une corde attachée à un poids ou à un anneau fixé dans le sol. La saillie des boîtes à mécanisme n'excédera pas 0 m. 16 à partir du nu du mur. Lorsque la tente sera relevée et enroulée, aucune partie des supports ou de la tente ne devra dépasser la saillie de la corniche de la devanture du magasin.

Tentes aux étages. — Des tentes pourront être autorisées aux divers étages des maisons, à la condition qu'elles ne reposent ni sur le garde-corps, ni sur la plate-forme du balcon ; leur saillie ne pourra dépasser plus de 0 m. 50 celle accordée pour les balcons.

Art. 49 *bis.* — *Appareils distributeurs d'essence.* — L'installation d'appareils distributeurs automatiques d'essence en bordure des trottoirs pourra être autorisée si les dites installations remplissent les conditions fixées par les règlements en vigueur, notamment par l'arrêté ministériel du 25 décembre 1919 relatif aux conditions que doivent remplir les réservoirs souterrains dans lesquels sont emmagasinés des liquides inflammables, ainsi que par l'arrêté préfectoral du 1er décembre 1923 réglementant les dites installations sur la voie publique.

Art. 50. — *Responsabilités.* — Le permissionnaire restera responsable en tout temps de toutes les avaries ou accidents qui pourraient survenir par suite de la présence des tables, chaises, arbustes ou tentes sur le trottoir.

Il en sera ainsi pour toutes les saillies fixes ou mobiles. Elles seront toujours établies aux risques et périls des propriétaires qui ne pourront exercer aucun recours contre qui que ce soit pour bris ou fracture occasionnés involontairement par le passage des véhicules et pour tous accidents ou dommages qui en seraient la conséquence.

SECTION V

Trottoirs

Art. 51. — *Etablissement de trottoirs.* — Conformément aux usages établis à Chambéry, les frais de construction et d'établissement des trottoirs sont à la charge des propriétaires riverains.

La Ville reste libre d'imposer aux riverains l'établissement des trottoirs, sans que ces derniers jouissent de ce droit vis-à-vis de la Ville, laquelle reste maîtresse d'en installer ou non.

Part de la Ville et part des riverains. — Toutefois, pour faciliter leur construction, la Ville prend à sa charge le coût et la pose des bordures.

Quand les trottoirs auront 2 mètres de largeur, la dépense relative au remblai, béton et dallage sera entièrement à la charge des riverains. Au delà d'une largeur de 2 mètres, la dépense supplémentaire séra supportée par la Ville.

D'après cela, est tenu de participer à la dépense de l'établissement du trottoir le propriétaire d'un bâtiment ne communiquant avec la rue que par un passage dont il est lui-même propriétaire. La participation ne correspondra qu'à la largeur du passage.

Lorsque le bâtiment en bordure est frappé d'une simple servitude de passage, la contribution à l'établissement du trottoir incombera au propriétaire du sol du passage et non à celui qui en a la jouissance.

Quand un bâtiment appartient à plusieurs propriétaires, la dépense sera répartie suivant la valeur de la propriéte de chacun, et quel que soit l'étage où elle est située.

ART. 52. — *Entretien.* — L'entretien des trottoirs est à la charge de la Ville. Les réparations occasionnées par des constructions ou des réfections de canalisations quelconques appartenant aux riverains sont exclusivement à leur charge.

Niveau. — Pente. — Alignement. — Pour les niveaux, pentes, alignements des bordures et trottoirs et pour la nature du dallage, les propriétaires seront tenus de se conformer aux indications de la Voirie.

Construction. — Les bordures de trottoirs doivent être en granit ou en calcaire d'une largeur d'au moins 16 centimètres en couronnement. Elles suivront la pente longitudinale des rues et la pente transversale des trottoirs. Le dallage sera en mortier de ciment artificiel, dosé à raison de 1.000 kgs de ciment par mètre cube de sable, d'une épaisseur de 0 m. 025. Il sera appliqué sur une couche de béton de ciment Portland artificiel dosé à raison de 400 kgs de ciment pour 400 litres de sable et 800 litres de gravier, de 0 m. 10 d'épaisseur reposant sur une fondation en cailloux de 0 m. 30. Pour les allées et passages à voitures, l'enduit en ciment aura une épaisseur de 3 à 5 centimètres ; le béton sera augmenté proportionnellement en épaisseur.

ART. 53. — *Ecoulement des eaux pluviales.* — Dans les rues dépourvues d'égouts, les eaux pluviales s'écouleront sous le trottoir au moyen de caniveaux en fonte placés aux frais des propriétaires et suivant les indications de l'article 41 ci-devant et de la Voirie.

L'entretien et le nettoiement des caniveaux sont à la charge des riverains.

ART. 54. — *Etablissement de plaques de fonte.* — Les parties de trottoirs qui devront être approfondies pour l'écoulement des eaux seront recouvertes d'une plaque en fonte. Comme à l'article précédent, la pose des plaques et le nettoiement des caniveaux sont à la charge des propriétaires.

ART. 55. — *Occupation des trottoirs.* — Il est expressément interdit d'occuper, d'embarrasser les trottoirs ou d'en augmenter la largeur par la pose sur la cunette d'une plate-forme quelconque.

Toutefois, les passages ou entrées à voitures pourront, après autorisation de l'Administration municipale, être créés par modification du profil longitudinal de la bordure de trottoir et du trottoir lui-même.

Dans ce but, la bordure au-devant du passage et sur une distance de 0 m. 50 de chaque côté de celui-ci sera abaissée de telle sorte que sa face supérieure au couronnement se trouve à quatre centimètres au-dessus du fond de la cunette longeant le trottoir.

Le dallage de ce dernier sera établi en raccord avec le dallage voisin, soit en béton de ciment avec chape bouchardée, soit en pavages d'échantillons de tout premier choix posés sur béton et coulés au mortier de ciment.

Cette bordure ainsi abaissée sera raccordée sur une longueur d'au moins un mètre de chaque côté du passage avec les bordures voisines plus élevées au moyen d'un élément de bordure posé de chaque côté de manière que sa face supérieure ou couronnement affecte une pente d'environ dix pour cent.

SECTION VI

Plantations sur les fonds riverains — Fossés

Art. 56. — *Plantations*. — Les plantations d'arbres ou de haies ne seront autorisées qu'à la distance légale des bords des chemins.

Les haies et les arbres seront taillés chaque année de manière à ne pas dépasser la limite de la propriété.

Dans le cas où il existerait des arbres appartenant à la Ville sur le lieu où s'exécutent des travaux de construction, ces arbres devront être solidement encaissés et préservés avec le plus grand soin de toute dégradation.

Art. 57. — *Fossés*. — Les fossés ne pourront être ouverts qu'à la distance de 0 m. 50 des limites exterieures des chemins et avec une profondeur de 0 m. 50.

Ces fossés devront être entretenus et curés avec soin par les propriétaires de manière que les eaux puissent s'écouler parfaitement sans nuire à la viabilité.

Les propriétaires ne pourront faire sur leurs fonds aucun ouvrage qui nuise à l'ecoulement naturel des eaux des fossés, ni qui ait pour effet de faire écouler sur les chemins les eaux de leurs propriétés qui n'y auraient pas leur écoulement naturel. Il est, par conséquent, interdit de surélever les eaux dans les fossés au moyen de barrages ou écluses, de manière à submerger les chemins et à nuire au bon état de la voie publique.

Art. 58. — *Ponceaux*. — Les ponceaux établis par les propriétaires riverains sur les fossés seront construits suivant les règles de l'art ; leurs dimensions et leur mode de construction seront fixés dans chaque cas particulier par l'arrêté d'autorisation. Ces ouvrages seront constamment entretenus en bon état par les propriétaires et à leurs frais.

Le long des voies plantées, les ponceaux seront toujours établis au droit de l'intervalle compris entre deux arbres.

L'autorisation serait retirée si les conditions imposées n'étaient pas remplies, s'il était constaté que ces ouvrages nuisent à l'écoulement des eaux ou à la circulation, enfin si cette suppression était reconnue nécessaire dans un but quelconque d'utilité publique.

Les permissionnaires devront nettoyer à leurs frais toute la partie du fossé recouverte par eux ; ils seront toujours responsables des dommages ou dégâts occasionnés aux propriétés voisines par le fait de l'établissement de ces ouvrages.

SECTION VII

Mesures relatives aux maisons et constructions bordant la voie publique et ne menaçant pas ruine

1° *Des murs en élévation alignés ou non*

Art. 59. — *Conditions de construction des murs.* — Les murs seront construits en matériaux de bonne qualité et exécutés suivant toutes les règles de l'art. Ils auront des épaisseurs suffisantes pour assurer la parfaite solidité et la salubrité des édifices.

Pour l'épaisseur et le choix des matériaux des différents murs, ainsi que pour les détails de construction importants, tels que portails, balcons, etc., les propriétaires et les entrepreneurs devront se conformer rigoureusement aux plans proposés par eux et approuvés par l'Administration municipale. Toute modification reconnue utile pendant le cours des travaux devra être soumise à une nouvelle autorisation.

L'approbation de l'Administration n'atténue en rien la responsabilité qui incombe légalement à l'architecte, à l'entrepreneur ou au propriétaire.

Art. 60. — *Pisé de terre.* — L'usage du pisé de terre est interdit dans tous les cas.

Art. 61. — *Béton de mâchefer.* — L'emploi du béton de mâchefer pourra être autorisé aux conditions suivantes :

Le béton de mâchefer devra être établi sur un massif de maçonnerie ordinaire élevé de 0 m. 50 au moins de hauteur au-dessus de la voie publique et du sol naturel.

Les faces des murs en béton de mâchefer seront revêtues d'un enduit suffisamment résistant.

Art. 62. — *Entretien des façades.* — Les façades des maisons seront toujours tenues en bon état de propreté. Elles seront grattées, lessivées, rejointoyées, repeintes ou badigeonnées, suivant le cas, au moins une fois tous les quinze ans, sur l'injonction qui en sera faite au propriétaire par l'autorité municipale.

Toutefois, le délai de quinze ans ci-dessus pourra être réduit en cas de mauvais état notoire d'une façade.

Conformément à l'article 5 du décret du 26 mars 1852, les contrevenants seront passibles d'une amende qui ne pourra pas excéder cent francs, sans préjudice de l'injonction qui leur sera faite d'avoir à se soumettre aux prescriptions ci-dessus.

2° *Exhaussements*

Art. 63. — *Exhaussement des bâtiments alignés.* — Toute façade bien alignée, si elle est jugée d'une solidité suffisante, pourra être exhaussée jusqu'à la hauteur permise par le règlement.

Exhaussement des bâtiments sujets à reculement. — Il en sera ainsi des bâtiments sujets à reculement lorsque la construction sera reconnue assez solide pour supporter les nouvelles constructions et sans qu'il en puisse résulter aucune consolidation des parties conservées. Avant de commencer l'exhaussement, les propriétaires devront prendre l'engagement formel de ne réclamer, pour eux ou leurs ayants droit, aucune indemnité pour les travaux d'exhaussement, lorsque l'Administration municipale mettra à exécution son projet d'alignement.

3° *Bâtiments frappés de reculement.* — *Travaux confortatifs*

Art. 64. — *Bâtiments frappés de reculement.* — *Interdiction de travaux confortatifs.* — Dans les bâtiments frappés de reculement, tous ouvrages confortatifs sont interdits conformément aux lois.

Art. 65. — *Désignation des travaux qui peuvent être permis aux bâtiments frappés de reculement.* — Toutefois, pourront être autorisés les ouvrages suivants, mais seulement pour les murs et façades en bon état qui ne présentent ni surplomb, ni crevasses dangereuses, en sorte que ni leur solidité ni leur durée ne puissent être augmentées par l'exécution de ces ouvrages :

1° le crépissage et le badigeonnage des façades, sans renformis ou remaillage ;

2° le percement dans les murs de façade de nouvelles portes et fenêtres à tous les étages à la condition que les travaux ne consolideront pas les murs ;

3° l'ouverture des portes charretières dans un mur de clôture à la condition qu'elles ne pourront s'appuyer que sur les anciennes maçonneries ;

4° la suppression des baies pourra être autorisée pour les façades en très bon état. Lorsque la façade sera reconnue ne pas remplir cette condition, les baies à supprimer seront fermées par une simple cloison en petits matériaux de 0 m. 16 d'épaisseur au plus dont le parement affleurera le nu intérieur du mur de face, le vide restant apparent à l'extérieur et sans addition d'aucun montant ni support en fer ou en bois ;

5° la réparation des chaperons d'un mur de clôture et la pose des dalles de recouvrement seront permises lorsque le mur sera en bon état de solidité.

Pour tous les travaux à faire aux façades sujettes à reculement, on emploiera la chaux et la brique creuse à l'exclusion de la pierre de taille, du ciment, du fer ou de tous autres matériaux.

Surveillance des travaux. — Tout propriétaire autorisé à faire une réparation dans les conditions prévues ci-dessus devra indiquer d'avance à l'autorité municipale le jour où les travaux devront commencer. L'Administration désignera, lorsqu'il y aura lieu, ceux de ces travaux qui ne devront être exécutés qu'en présence d'un de ses agents.

4° *Murs séparatifs*

Art. 66. — *Construction des murs séparatifs.* — En vue d'éviter les dangers de propagation d'incendies d'un immeuble à l'autre, les murs séparatifs entre deux bâtiments contigus devront être construits en maçonnerie ou en briques. Dans ce dernier cas, ils devront avoir au moins une épaisseur d'une brique et demie. Il est expressément défendu d'y introduire du pisé de terre.

Servitude des murs séparatifs. — Un mur séparatif découvert par suite de la mise à l'alignement ou de la suppression d'une construction voisine sera soumis aux mêmes règles qu'une façade en saillie. Ces règles s'appliquent également aux exhaussements.

Contre-murs, étables, écuries, entrepôts. — Lorsque des étables, écuries, entrepôts de matières corrosives seront adossés à un mur séparatif, celui-ci devra être garanti par un contre-mur en maçonnerie imperméable ayant au moins 0 m. 30 d'épaisseur et 0 m. 30 de profondeur de fondation, sur une hauteur suffisante.

Il est interdit d'établir des écuries dans les habitations, sans avoir obtenu à leur sujet une autorisation spéciale.

Dans tous les cas, les urines des animaux devront être évacuées dans les mêmes conditions que les matières de vidange.

5° *Gaines de cheminées et foyers*

Art. 67. — *Interdiction des gaines de cheminées dans les murs de façade*. — Il est interdit d'établir des gaines de cheminées ou d'échappement de vapeur ou de gaz dans les murs en façade sur la voie publique et de les accoler intérieurement ou extérieurement contre ces murs.

La tête des souches de cheminées ne pourra sortir des toitures qu'à partir d'une distance de 1 m. 50 mesurée du plan vertical de l'alignement.

Art. 68. — *Gaines dans les murs séparatifs*. — L'établissement de gaines de cheminées dans les murs mitoyens et dans les murs séparatifs de deux maisons contiguës pourra, sous réserve des droits et du consentement des tiers, être autorisé sous la condition que les dites gaines seront construites en briques de plat, droites ou cintrées d'une épaisseur minimum de 0 m. 11.

Au droit des gaines, c'est-à-dire de chaque côté de celles-ci, le mur devra avoir une épaisseur au moins égale au double de la plus grande dimension des briques employées, et au minimum de 0 m. 45.

Art. 69. — *Gaines dans les murs de refend*. — Dans les murs de refend les parois des gaines devront avoir au moins 0 m. 12 d'épaisseur, enduit compris.

Art. 70. — *Gaines adossées contre les murs*. — *Wagons et boisseaux en terre cuite*. — Les gaines de cheminées non engagées dans les murs ne seront autorisées que si elles sont adossées à des piliers en maçonnerie ou à des murs en maçonnerie ordinaire ayant au moins 0 m. 40 d'épaisseur ou à des murets en briques de 0 m. 22 d'épaisseur ou en moellons moulés de 0 m. 20 d'épaisseur ou contre une paroi en béton de ciment armé.

Ces gaines devront être solidement attachées au mur tuteur par des brides en fer dont l'espacement n'excédera pas deux mètres.

Art. 71. — *Interdiction de l'emploi du mandrin*. — L'emploi du mandrin pour montage de gaines de cheminées ne sera admis que pour les murs en banchées ou en maçonnerie ordinaire. Dans ce dernier cas la paroi de la gaine devra être faite avec soin en mortier bâtard de ciment. Dans les deux cas. l'intérieur de la gaine devra être enduit avec soin.

ART. 72. — *Section des gaines.* — Les gaines des cheminées ordinaires ne pourront avoir moins de trois décimètres carrés de section.

Cette section sera égale dans toute la hauteur de la gaine. Les angles intérieurs des gaines seront arrondis.

ART. 73. — *Distance entre les gaines et les murs de face ou les tableaux.* — Les gaines de cheminées seront toujours séparées du parement intérieur des murs de façades par 0 m. 45 au moins de maçonnerie pleine.

ART. 74. — *Direction et position des gaines.* — Les gaines ne pourront dévier de la verticale de manière à former avec elle un angle de plus de 35 degrés.

ART. 75. — *Distance entre les gaines et les bois.* — Les gaines de cheminées devront être construites à 0 m. 16 au moins des bois des planchers, de la charpente ou autres. Cette distance sera mesurée du parement intérieur des gaines.

ART 76. — *Couronnement des souches de cheminées.* — Les couronnements des souches de cheminées seront toujours construits en briques, pierre de taille ou ciment moulé. Leur partie supérieure en sera rendue facilement accessible. Les poteries, lanternes et tous autres appareils destinés à faciliter le tirage devront être établis dans les meilleures conditions de solidité.

ART 77. — *Etablissement des foyers.* — Les foyers des cheminées ne pourront être posés que sur des voûtes en maçonnerie, des planchers métalliques hourdis ou sur des trémies ou matériaux incombustibles.

La longueur des voûtes sera au moins égale à la largeur des cheminées, y compris toute l'épaisseur des jambages ; leur largeur sera d'au moins un mètre à partir du fond du foyer jusqu'aux chevêtres.

Les solives des faux-planchers, posées au-dessous, devront toujours être suffisamment isolées pour éviter toute chance d'incendie.

ART. 78. — *Tuyaux de poêles et tuyaux d'échappement de vapeur.* — Aucun tuyau de poêle ou d'échappement de vapeur ou de gaz ne pourra déboucher sur la voie publique. Chaque appareil de combustion devra avoir son tuyau particulier dans toute la hauteur du bâtiment.

Le chauffage au gaz devra toujours être muni d'une gaine spéciale ne devant jamais servir à un autre usage.

ART. 79. — *Tuyaux des cheminées des boulangeries.* — Les tuyaux de cheminées de boulangeries auront une section suffisante pour assurer un bon tirage.

Ils s'élèveront de deux mètres au moins au-dessus du faîtage le plus élevé compris dans un périmètre de 10 mètres de rayon. Ils seront munis dans la partie inférieure d'une soupape ou d'un registre en tôle destiné à intercepter le passage de l'air en cas d'incendie.

Art. 80. — *Établissement de fours.* — Tous les fours à établir ou à construire ne pourront l'être qu'en réservant entre le four et n'importe quel mur, mitoyen ou non, un vide de 0 m. 16 appelé « tour du chat », qui ne devra pas être fermé par le haut.

À cette distance, il sera construit un mur de 0 m. 33 au moins d'épaisseur formant contre-cœur ou contre-mur contre lequel le four viendra s'appuyer.

Le dessus de la voûte du four ne sera pas établi à moins de 0 m. 50 en contre-bas de la poutraison apparente du plancher supérieur. Il sera couvert par un carrelage ou par une couche de sable.

Le sol en avant du four sera dallé ou carrelé sur 2 mètres de largeur.

Les fours de construction métallique sont soumis aux mêmes règles d'isolement, de dallage, etc.

Les braises seront éteintes dans des vases métalliques à fermeture hermétique.

Dans tous les locaux à usage de four, les canalisations de gaz devront être en tubes de fer.

Art. 81. — *Cheminées d'usines.* — Il sera pourvu par l'Administration et selon les circonstances aux dispositions spéciales à prescrire pour les cheminées des usines et de tous les établissements qui exigent un feu actif ou exceptionnel. Ces cheminées devront, en tous cas, s'élever à 5 mètres en contre-haut des souches des cheminées des maisons voisines dans un rayon de 50 mètres.

Art. 82. — *Forges.* — Le foyer de toute forge appuyé au mur d'une maison voisine sera séparé de celui-ci par un contre-mur de 0 m. 33 d'épaisseur.

Toute forge devra être établie dans un endroit communiquant librement avec l'air extérieur.

Toute cheminée de forge et de petits établissements industriels qui, sur la plainte des voisins, serait reconnue présenter, par suite de la nature et de la quantité du combustible qu'elle consomme, les mêmes inconvénients que les cheminées désignées aux articles précédents, pourra être assujettie aux mêmes conditions d'élévation au-dessus des toitures voisines, dans un rayon à déterminer par l'Administration municipale et qui ne dépassera pas celui qui est fixé à l'article 81.

Art. 83. — *Ramonage et cheminées dangereuses.* — Le ramonage des tuyaux cylindriques ne devra s'effectuer qu'à l'aide d'écouvillon en métal ou autre moyen mécanique mû par une corde et ayant une force suffisante pour détacher et faire tomber la suie.

Invitation est faite aux entrepreneurs, maîtres-ramoneurs, lorsque dans leur travail ils remarqueront des défectuosités à une cheminée, telles que trous, lézardes, crevasses, etc., présentant des dangers pour le feu ou qu'ils apercevront quelques vices de construction :

1° d'avertir de suite l'habitant ou le propriétaire de la maison, afin qu'il procède sans délai aux réparations ou rectifications nécessaires ;

2° d'adresser à l'Administration municipale, dans les trois jours, la désignation des maisons dont les cheminées auront des défectuosités.

Art. 84. — *Réparations des cheminées.* — *Risques d'incendie.* — Toutes les fois qu'il aura été constaté qu'une cheminée menace ruine ou se trouve dans des conditions qui exposent à un incendie, le propriétaire sera tenu, sur l'injonction qui lui sera faite par l'Administration municipale, de faire exécuter les réparations jugées nécessaires pour faire cesser le danger.

SECTION VIII

Mesures relatives aux maisons ou constructions bordant la voie publique et menaçant ruine

ART. 85. — *Extrait de la loi du 21 juin 1898 sur le Code rural.* — « Art. 3. — Le « Maire peut prescrire la réparation ou la démolition des murs, bâtiments ou édifices quel- « conques longeant la voie ou la place publiques, lorsqu'ils menacent ruine et qu'ils pour- « raient, par leur effondrement, compromettre la sécurité.

« Art. 4. — Dans le cas prévu à l'art. 3, l'arrêté prescrivant la réparation ou la démolition « du bâtiment menaçant ruine est notifié au propriétaire, avec sommation d'avoir à effectuer « les travaux dans un délai déterminé et, s'il conteste le péril, de faire commettre un expert « chargé de procéder contradictoirement et au jour fixé par l'arrêté, à la constatation de l'état « du bâtiment et de dresser rapport.

« Si, au jour indiqué, le propriétaire n'a point fait cesser le péril et n'a pas cru devoir « désigner un expert, il sera passé outre à la visite par l'expert seul nommé par l'Administration « municipale.

« L'arrêté et les rapports d'experts sont transmis immédiatement au Conseil de Préfecture. « Dans les huit jours qui suivront le dépôt au greffe, le Conseil, s'il y a désaccord entre les « deux experts, désigne un homme de l'art pour procéder à la même opération.

« Dans le cas d'une constatation unique, le Conseil de Préfecture peut ordonner telles « vérifications qu'il croit nécessaires.

« Le Conseil de Préfecture, après avoir entendu les parties dûment convoquées confor- « mément à la loi, statue sur le litige de l'expertise, fixe, s'il y a lieu, le délai pour l'exécution « des travaux ou pour la démolition ; il peut autoriser le Maire à y faire procéder d'office et « aux frais du propriétaire, si cette exécution n'a point lieu à l'époque prescrite.

« Notification de l'arrêté du Conseil est faite au propriétaire par la voie administrative. « Recours contre la décision peut être porté devant le Conseil d'Etat.

« Art. 5. — En cas de péril imminent, le Maire, après avertissement adressé au proprié- « taire, provoque la nomination, par le juge de paix, d'un homme de l'art, qui est chargé « d'examiner l'état des bâtiments dans les vingt-quatre heures qui suivent sa nomination.

« Si le rapport de cet expert constate l'urgence ou le péril grave et imminent, le Maire « ordonne les mesures provisoires nécessaires pour garantir la sécurité.

« Dans le cas où ces mesures n'auraient point été exécutées dans le delai imparti par la « sommation, le Maire a le droit de faire exécuter d'office, et aux frais du propriétaire, les « mesures indispensables.

« Il est ensuite procédé conformément aux dispositions édictées dans l'article précé- dent.

« Art. 6. — Lorsqu'à défaut du propriétaire, le Maire a dû prescrire l'exécution des tra-

« vaux, ainsi qu'il a été prévu aux articles 4 et 5, le montant des frais est avancé par la com-
« mune ; il est recouvré comme en matière de contributions directes.

« Art. 7. — Dans le cas de danger grave et imminent, comme inondation, rupture de
« digues, incendie d'une forêt, avalanche, éboulements de terre ou de rochers, ou tout autre
« accident naturel, le Maire prescrit l'exécution des mesures de sûreté exigées par les circons-
« tances. Il informe d'urgence le Préfet et lui fait connaître les mesures qu'il a prescrites. »

ART. 86. — *Interdiction de laisser les bâtiments à l'état de dégradation.* — Il est interdit
aux propriétaires de laisser leurs maisons, bâtiments, cheminées, murs de clôture dans un
état de dégradation tel qu'il puisse en résulter un danger d'écroulement total ou partiel com-
promettant la sécurité publique.

ART. 87. — *Interdiction de réparer les bâtiments menaçant ruine.* — Toute réparation,
quelle qu'elle soit, est formellement interdite aux bâtiments menaçant ruine.
Il y a lieu à démolition d'un bâtiment :

1º lorsque, par vétusté, l'une ou plusieurs des jambes étrières, trumeaux ou piédroits
sont en mauvais état (C. d'Et., 26 décembre 1827) ;
2º lorsque le mur de face sur rue est en surplomb de moitié de son épaisseur dans quelque
état que se trouvent les jambes étrières, trumeaux et piédroits (C. d'Et., 19 mars 1823) ;
3º si le mur de face est à fruit et qu'il ait occasionné sur la face opposée un surplomb égal
au fruit de la face sur rue ;
4º chaque fois que les fondations sont mauvaises, quand il ne se serait manifesté dans
la hauteur du bâtiment aucun fruit ou surplomb ;
5º s'il y a bombement égal au surplomb. Néanmoins, si le surplomb ne se manifeste
que dans les étages supérieurs, tel que l'on puisse les réparer en conservant moitié des étages
inférieurs et sans toucher à ces derniers, on permet alors le rétablissement des étages supérieurs,
à la charge de ne point conforter ceux conservés (C. d'Et., 26 décembre 1827 ; Cassation, 30
août 1833).

SECTION IX

**Hauteur des maisons — Hauteur minimum des étages habités — Profil des combles
Exceptions**

(*Voir à ce sujet les dispositions du Règlement sanitaire.*)

ART. 88. — *Lucarnes.* — La face extérieure des lucarnes et des œils-de-bœuf peut être
placée à l'aplomb du parement extérieur du mur de face donnant sur la voie publique mais
jamais en saillie.
Le couronnement des lucarnes, œils-de-bœuf et en général les motifs en saillie sur les
toitures ne pourront excéder un arc de cercle concentrique à celui mentionné à l'article précédent et dont le rayon aura 1 m. de plus.
L'ensemble produit par les largeurs cumulées des faces des lucarnes d'un bâtiment ne
pourra pas excéder les deux tiers de la longueur de face de ce bâtiment.

Art. 89. — *Crochets et brise-neige sur les toitures.* — Toute toiture en ardoises devra être pourvue de crochets en fer solidement fixés à la charpente pour le service des couvreurs. Ces crochets devront être galvanisés, peints ou goudronnés.

L'Administration municipale pourra prescrire l'emploi de brise-neige partout où elle en reconnaîtra l'utilité.

SECTION X

Constructions en bois et briques

Art. 90. — *Constructions en bois.* — Les bâtiments en bois, pans de bois, colombages, lattis, torchis ou autres matières combustibles ou en briques posées de champ, devant servir de maison d'habitation sont interdits, à moins d'une autorisation spéciale délivrée par l'autorité municipale, après avoir pris l'avis d'un conseil technique.

Les constructions de même nature pour atelier, hangars, écuries, remises, etc., sont également interdites en façade sur la voie publique et à l'intérieur des îlots, à moins qu'elles ne soient situées à une distance minimum de 4 mètres de la voie publique et d'autres bâtiments habités.

Celles de ces constructions qui seraient riveraines des voies publiques ou privées devront être fermées, du côté de ces voies, par des murs en pierre ou en briques d'épaisseur suffisante, montant jusqu'aux sablières et percés seulement par des portes ou des fenêtres bien fermantes.

Aucune construction ne pourra être couverte en chaume, essandoles ou matières inflammables quelconques.

Les constructions et couvertures existantes qui ne satisferont pas aux conditions ci-dessus ne pourront être à l'avenir entretenues, réparées ou réédifiées.

Hangar provisoire pour chantiers de constructions. — Lorsque, pour l'établissement provisoire d'un chantier de construction, il sera nécessaire ou utile d'établir un hangar sur poteaux en bois, l'autorisation pourra, selon les circonstances, être accordée sur la demande du constructeur, mais pour un temps déterminé et à charge de démolition après l'expiration de ce temps. Le constructeur devra par écrit prendre l'engagement de démolir le dit hangar dans le délai déterminé, et, en outre, à réquisition de l'Administration municipale.

Cette tolérance ne sera jamais admise pour les hangars à construire en façade.

Les maisons, pavillons, hangars ou échoppes actuellement existants, qui seront reconnus en état de péril, seront abattus dans le délai qui sera notifié aux propriétaires de ces constructions.

Art. 91. — *Murs en briques.* — *Constructions légères.* — Les façades en briques, posées de champ et d'épaisseur insuffisante, sont interdites.

Des constructions légères, telles que petits chalets, pavillons, kiosques, serres, dépendances, etc., pourront être tolérées. L'Administration municipale restera juge des conditions auxquelles ces constructions pourront être autorisées.

SECTION XI

Clôture des propriétés riveraines
Numérotage des maisons

Art. 92. — *Clôtures sur rues.* — Tout terrain situé dans l'intérieur de la Ville devra être clos le long de la voie publique, de manière à pourvoir aux exigences de la sécurité publique.

Les clôtures en bois sont interdites dans l'intérieur de la Ville, sauf pour les terrains non construits.

Les clôtures autorisées sont un mur de clôture ou une grille de fer ou de fonte reposant sur un soubassement en maçonnerie, ayant, le tout, au moins 2 mètres de hauteur à partir du niveau du sol de la voie publique.

Les dimensions de la grille et du soubassement seront fixées par l'autorisation.

Les clôtures existantes, construites contrairement aux présentes prescriptions, devront être rétablies dans les conditions réglementaires au fur et à mesure de leur remplacement.

En aucun cas, il ne pourra être fait usage de fils de fer barbelés en bordure d'une voie publique.

Art. 93. — *Numéros à placer sur chaque immeuble.* — Tout propriétaire ou constructeur doit établir, rétablir ou remplacer le numéro de l'immeuble qu'il fait construire, reconstruire ou réparer.

Les nombres pairs sont placés à droite, ceux impairs à gauche. Le côté droit est déterminé, dans les rues perpendiculaires ou obliques au cours de la Leysse, par la droite du piéton s'éloignant de la rivière ; et dans les rues parallèles, par la droite du passant marchant dans le sens du courant.

Les numéros seront déterminés par l'Administration municipale. Ils devront être en fonte émaillée du modèle adopté et dont un échantillon est déposé dans les bureaux de la Voirie municipale.

Les numéros devront toujours être placés en évidence. Il est interdit de les couvrir ou de les marquer d'aucune manière.

Art. 94. — *Plaques dénominatives des rues.* — Les propriétaires des maisons en façade sur la voie publique seront tenus de réserver l'espace nécessaire pour les plaques indiquant le nom des rues ou places.

Ces plaques seront toujours mises en évidence et il est interdit de les couvrir d'aucune manière.

Art. 95. — *Texte des inscriptions.* — Le texte des inscriptions sera fixé par l'Administration municipale.

Art. 96. — *Nettoyage des plaques.* — Toutes les fois qu'une construction sera réparée, repeinte ou badigeonnée, les plaques dénominatives et numératives qui y sont scellées devront être repeintes ou au moins soigneusement nettoyées. Les couleurs adoptées seront maintenues.

En cas de refus ou de négligence, il sera pourvu d'office, aux frais des intéressés, sans préjudice des contraventions encourues.

SECTION XII

Conduites de gaz ou d'électricité
Fils télégraphiques et téléphoniques

Art. 97. — *Pose des conduites de gaz et d'électricité.* — Tout propriétaire de bâtiment ou de clôture bordant la voie publique est tenu d'y laisser apposer, sans indemnité, les appareils et conduites nécessaires à l'éclairage public.

Il en sera de même pour les supports des lignes télégraphiques et téléphoniques.

SECTION XIII

Fosses d'aisances — Egouts et canalisations

Art. 98. — *Fosses d'aisances (Voir à ce sujet le R. S.).* — *Isolement des fosses.* — Il est interdit d'adosser une fosse d'aisances contre les fondations d'un immeuble. Le mur de la fosse d'aisances devra être isolé du mur de fondation par un intervalle d'au moins 0 m. 30 qui devra être rempli de terre glaise ou de toute autre matière imperméable.

Capacité. — La hauteur des fosses sous la clef de la voûte sera de 1 m. 50. Le trou de vidange rond ou carré aura 0 m. 60 de diamètre ou de côté. La capacité des fosses reste indéterminée ; néanmoins, les fosses auront toujours les dimensions nécessaires pour n'avoir besoin que de les vidanger quatre fois par an.

Tuyau de chute. — Le tuyau de chute sera, autant que possible, placé à un des angles de la fosse. Il devra être en fonte de 0,108 de diamètre au minimum.

Tuyau d'évent (Voir R. S.).

Art. 99. — *Interdiction d'établir des fosses d'aisances dans les sous-sols.* — Il est interdit de construire une fosse d'aisances dans les sous-sols d'un immeuble. Dans les bâtiments anciens et en cas d'impossibilité de l'établir à l'extérieur, on pourra en tolérer la construction dans les sous-sols ; mais, autant que possible, le trou de vidange devra avoir son issue au dehors.

Art. 100. — *Branchements particuliers ne pouvant être reliés qu'à des égouts mouillés.* — Lorsque les propriétaires voudront conduire les matières provenant des cabinets de leurs maisons dans les canaux publics ou qu'ils y seront contraints par mesure de salubrité, le déversement ne pourra avoir lieu que dans les égouts mouillés, c'est-à-dire ceux dans lesquels l'eau coule constamment, soit d'une manière naturelle, soit d'une manière artificielle.

Art. 101. — *Construction des branchements.* — Sous la voie publique, les branchements particuliers devront être obligatoirement établis en tuyaux gras de ciment de 0 m. 30 de diamètre intérieur.

Art. 102. — *Pente.* — La pente longitudinale de ces branchements ne devra jamais être inférieure à 0 m. 03 par mètre, à moins que les branchements soient précédés d'une fosse à transformation, auquel cas la pente pourra être réduite à 0 m. 005 par mètre.

Prolongement du branchement à l'intérieur. — Le branchement, tel qu'il est défini à l'article précédent, pourra être prolongé dans l'intérieur des propriétés en canaux ou tuyaux étanches d'un vide de 0 m. 20 de côté ou de diamètre minimum.

Tampons de regards. — Un tampon de regard sera placé à chaque inflexion du parcours des branchements.

Art. 103. — *Curage.* — En vue du curage qui leur incombe, les propriétaires pourront donner aux branchements établis dans leurs immeubles une section plus grande que celle qui est fixée à l'article 101.

Art. 104. — *Conduites des eaux pluviales.* — Les eaux pluviales seront conduites dans les branchements, soit par les tuyaux de descente des toits, soit par des grilles placées à la surface du sol. Tuyaux et grilles devront être munis chacun d'un syphon hydraulique.

Art. 105. — *Restrictions.* — Si la disposition des lieux ne permettait pas de se conformer aux prescriptions des articles 100, 101, 102, il sera statué sur un rapport motivé du chef de la Voirie.

Art. 106. — *Tuyaux de chute placés verticalement au-dessus de l'égout.* — Au cas où les tuyaux de chute projetteraient verticalement les matières fécales, les eaux pluviales, ménagères ou industrielles dans l'égout public, ces tuyaux seraient en fonte, d'un diamètre de 0,108 au minimum, descendus en contournant la voûte jusqu'à 0 m. 30 en contre-haut du radier et ne formant aucune saillie sur les parois de l'égout.

Art. 107. — *Surveillance.* — Tous les travaux de branchements à l'égout seront exécutés sous la direction et la surveillance du service de la Voirie qui devra en opérer le récolement.

Ils seront tenus en parfait état d'entretien par les soins et aux frais des permissionnaires.

Art. 108. — *Droits de précarité.* — Conformément aux prescriptions du deuxième alinéa de l'article 44 du règlement de police, le déversement des matières dans les égouts publics ne sera autorisé que précairement et moyennant le paiement d'une redevance annuelle fixée par le tarif des droits de Voirie.

Un droit fixe, dit droit de visite, dont le montant est indiqué au tarif des droits de Voirie, sera payé par les propriétaires d'un branchement particulier chaque fois qu'une descente à l'égout public sera demandée pour visiter ou désobstruer le branchement.

Art. 109. — *Prohibition aux personnes étrangères à l'Administration de s'introduire dans les égouts et de toucher aux tampons de regards, etc.* — Il est expressément défendu à toutes personnes étrangères à l'Administration municipale d'ouvrir les tampons de regards et de s'introduire dans les égouts, sous quelque prétexte que ce soit.

Dans le cas où des réparations ou des désobstructions des branchements seraient nécessaires, il y sera pourvu par les soins du service des égouts et aux frais des intéressés qui devront préalablement verser à la Caisse de la Ville la taxe dont il est question à l'article précédent.

CHAPITRE TROISIÈME

VOIES NOUVELLES — VOIES PRIVÉES

Art. 110. — *Demandes et autorisations. — Conditions d'acceptation.* — Conformément à l'article 29 de la loi du 22 juillet 1791, aucune ouverture de rues, places ou passages ne pourra être entreprise par les particuliers, même sur leurs propres fonds, sans une autorisation régulière. Un plan des lieux, indiquant le tracé des alignements, devra accompagner leur demande.

Art. 111. — *Engagement des propriétaires pour les voies destinées à être incorporées dans le réseau municipal.* — Si la voie projetée est destinée à la circulation générale et doit être réunie au domaine municipal, il est essentiel que la demande d'autorisation porte, en outre, l'engagement :

1° de donner à la rue nouvelle la largeur nécessaire à la circulation, laquelle ne peut être de moins de 8 mètres ;

2° d'adopter une direction qui sera fixée d'après celle des rues voisines et du plan d'alignement ;

3° d'abandonner gratuitement à la Ville le terrain à convertir en rue.

La demande ainsi formulée sera soumise à l'enquête prescrite par l'ordonnance du 23 août 1835, et ensuite à l'avis du Conseil municipal, appelé à se prononcer sur l'utilité de la rue.

Art. 112. — *Voies restant la propriété particulière des riverains, mais ouvertes à la circulation.* — Dans le cas où la rue à ouvrir demeurera propriété particulière, elle devra satisfaire aux conditions suivantes, si les propriétaires entendent la laisser à la circulation publique :

1° Elle ne pourra avoir moins de 8 mètres de largeur ;

2° Elle devra être pourvue de trottoirs et de rigoles ;

3° Les eaux seront conduites à l'égout le plus voisin ;

4° Les façades et les clôtures seront tenues en bon état de propreté ; elles devront être lavées, recrépies, repeintes, badigeonnées toutes les fois que l'injonction en sera donnée par l'Administration municipale ;

5° La voie sera pourvue d'un éclairage suffisant, fonctionnant aux mêmes heures que l'éclairage public ;

6° Toute voie particulière devra porter une dénomination et un numérotage approuvés par le Maire. Au-dessous de chaque plaque dénominative et à toutes les issues sur la voie publique, il devra être placé, en outre, une plaque spéciale portant, en caractères de même grandeur que ceux des plaques dénominatives, l'indication « Voie privée », et, au-dessous, il sera ménagé un emplacement où sera scellé un cadre grillé contenant l'extrait de la partie du règlement relative aux voies privées ;

7° Les propriétaires intéressés devront prendre les dispositions nécessaires pour assurer l'entretien et le nettoiement des voies privées d'une manière régulière et permanente. A défaut, il y sera pourvu d'office et à leurs frais ;

8° Les propriétés riveraines devront être pourvues de clôtures dans les mêmes conditions que les propriétés riveraines des voies publiques.

ART. 113. — *Fermeture des voies particulières ou impasses non ouvertes à la circulation.* — Toutes les rues particulières qui n'auront pas 8 mètres de largeur, ainsi que celles dont les propriétaires ne voudront pas se soumettre aux prescriptions de l'article précédent, devront être closes à l'alignement de la voie publique, et aux heures fixées par le règlement de police, par des murs ou par des grilles en fer munis de portes cochères.

Il en sera de même à l'égard des ruelles et cours intérieures.

CHAPITRE QUATRIÈME

ART. 114. — Les permissions de voirie ne donneront aucun droit de propriété, de servitude ou de concession sur la voie publique. Les saillies et établissements quelconques autorisés peuvent être au contraire supprimés ou réduits à la première sommation qui en sera faite, sans que les parties puissent prétendre à aucune indemnité, ni à la restitution des droits payés.

CHAPITRE CINQUIÈME

DROITS DE VOIRIE

ART. 115. — *Quotité des droits de voirie.* — Toute permission de voirie, toute occupation de la voie publique donne lieu à une redevance au profit de la Ville. La quotité des droits de voirie est fixée par le tarif annexé au présent arrêté et qui a été accepté par le Conseil municipal.

CHAPITRE SIXIÈME

PUBLICATION ET EXÉCUTION DU RÈGLEMENT

ART. 116. — *Contraventions.* — Les contraventions au présent règlement seront constatées par procès-verbaux dressés par tous les agents assermentés de la commune et la répression en sera poursuivie conformément aux lois.

ART. 117. — Monsieur le Directeur de la Voirie municipale, Monsieur le Commissaire de Police et les agents placés sous leurs ordres, sont chargés de l'exécution du présent arrêté qui sera publié par voie d'affichage, conformément à la loi, dès qu'il aura reçu l'approbation de M. le Préfet de la Savoie.

Chambéry, le 25 juin 1926.

Le Maire,
Dr Eugène JULLIAND.

Vu pour être annexé au décret du 4 janvier 1929,
portant approbation du Plan général d'alignements,
d'embellissement et d'extension de la Ville de Chambéry.

Chambéry, le 11 janvier 1929.

Le Préfet de la Savoie,
M. GRÉGOIRE.

Imprimeries Réunies, Chambéry. - 20.944